CATÉCHISME

DES COLONIES,

POUR SERVIR A L'INSTRUCTION

DES HABITANS DE LA FRANCE.

Par M. ***.

A PARIS,

1791.

CATÉCHISME

DES COLONIES,

POUR SERVIR A L'INSTRUCTION DES HABITANS DE LA FRANCE.

Qu'est-ce que les Colonies ?

Ce sont des parties du Nouveau-Monde, habitées et cultivées par des peuples de diverse origine, dont l'ensemble forme un peuple particulier, séparé de l'Europe par une immense étendue de mers.

Qu'est-ce que le Nouveau-Monde ?

C'est cette partie du globe terrestre, qui fut découverte, il y a trois cents ans, par Chrystophe Colomb. Les Européens s'en rendirent maîtres, en détruisant presque tous les naturels.

Quels furent ces Européens ?

Les Espagnols, les François, les Anglois,

les Hollandois , les Portuguais et les Danois, qui s'y établirent et cultivèrent certaines contrées , sous la protection de leurs souverains respectifs.

A qui appartiennent ces contrées ?

Aux peuples qui les cultivent aujourd'hui.

Qui sont ces peuples ?

Les Américains.

Comment se sont-ils formés ?

Par leur séjour en Amérique , en appellant à eux des Européens , et en recevant les Africains que les marchands d'Europe leur portoient.

Les Américains sont donc un mélange de plusieurs sortes d'hommes ?

Oui , il y en a de blancs , de noirs , et de toute couleur entre ces deux extrêmes.

Quelle est la condition de ces hommes ?

Ils sont libres ou esclaves.

Que sont les blancs ?

Tous libres, nés en Amérique ou venus d'Europe.

Que sont les noirs ?

Presque tous esclaves , nés en Amérique ou transportés d'Afrique.

Que sont les sang - mêlés, ou gens de couleur ?

Nés tous en Amérique, du mêlange des blancs et des noirs ; les uns sont esclaves, les autres libres : parmi ces derniers, beaucoup sont affranchis, et le doivent à la bienfaisance des blancs.

Les Américains forment donc un peuple particulier, comme l'Européen, l'Africain, l'Asiatique ?

Oui, et ce peuple est, comme ces derniers, formé de plusieurs nations qui, dans un caractère général, présentent des caractères particuliers et relatifs à la nation européenne qui a contribué à leur formation.

Les François ont donc conservé leur caractère en passant dans le Nouveau-Monde ?

Non, mais il leur en reste encore quelques signes. Ils attachoient sur-tout un grand prix au titre de François.

Les Colonies Françoises sont-elles très-considérables ?

Elles le sont peu par leur étendue ; mais elles sont très-importantes par la somme des denrées qu'elles produisent, et par la quantité de celles qu'elles consomment.

Quel est le gouvernement des Colonies Françoises ?

Il étoit purement arbitraire ; mais , depuis la révolution , elles n'en ont plus.

Elles sont donc aussi en révolution ?

Oui , depuis que l'Assemblée nationale a déclaré ses principes , elles sont entièrement rendues à elles-mêmes, et elles savent très-bien qu'elles ne doivent ni ne peuvent plus être gouvernées que par les loix qu'elles auront faites , pour assurer le bonheur de tous les hommes qui les habitent.

Toutes les Colonies Françoises sont-elles dans les mêmes principes ?

Oui , parce que les circonstances majeures dans lesquelles elles se trouvent, sont absolument les mêmes. Elles ont les mêmes intérêts politiques , les mêmes besoins et les mêmes vues.

Elles peuvent donc se coaliser pour présenter ensemble un même pays , une seule nation ?

Cette coalition est toute naturelle , et un danger commun l'opère à l'instant.

Vous voulez donc que les habitans des Colonies forment une nation différente de la Nation Française ?

Ce n'est pas moi qui le veux; c'est la nature.

Mais jamais ils n'ont été considérés comme une nation différente ?

C'est que jamais les Colonies et les Américains n'ont été bien connus.

Les Colonies ne feront donc plus partie de l'Empire François ?

Je n'en sais rien ; mais il étoit facile de faire que toujours elles en fissent partie.

Eh ! comment ?

En ne cherchant point à les priver, par la force, des droits que leur donne la nature et la justice. Elles seules, pour assurer le bonheur et la paix des hommes qui les habitent, doivent faire leur constitution et leurs loix.

Mais comment feroient - elles partie de cet empire, si l'Assemblée nationale ne faisoit pas leur constitution ?

C'est que, pour faire partie d'un empire, il suffit d'avoir le même chef.

Eh ! peut - il y avoir dans le même empire, deux constitutions, deux sortes de loix ?

Oui, sans doute ; parce que deux pays différens, deux nations différentes doi-

vent avoir deux constitutions différentes ,
et que ces deux nations peuvent avoir le
même chef.

*Chaque pays , chaque nation doit donc
avoir son corps legislatif différent ?*

Il est impossible que cela soit autrement ;
car pour faire la constitution d'un peuple ,
il faut absolument connoître ce peuple ;
il faut être dans les lieux qu'il habite ; il
faut connoître les choses qui l'environnent,
puisque la constitution et les loix sont relatives aux hommes, aux lieux et aux choses.

*Mais on dit qu'il ne peut pas y avoir
deux corps législatifs dans le même empire?*

Si le mot empire est pris pour synonime
à royaume , on a raison ; il est impossible
que deux corps législatifs existent dans un
même royaume , dans un même pays,
pour la même nation. Mais si le mot *empire* , est pris dans sa juste signification,
s'il veut dire *commandement* , on concevra
alors que le même chef peut donner le
commandement à tel autre pays, à telle
autre nation. Ainsi deux nations différentes , ayant deux corps législatifs différens,
pourront être mues dans le même tems,
en sens opposés, par des loix différentes,

9

sans qu'elles se nuisent l'une à l'autre, et cela pour leur plus grand bien à chacune : chaque nation peut donc et doit avoir son corps législatif; chaque corps législatif peut donc faire des loix différentes et opposées ; parce qu'étant propres à chaque nation, elles ne seront exécutées que sur chacune séparément , quoique l'exécution en soit confiée au même chef.

Un corps législatif dans les Colonies seroit une puissance élevée contre la France, qui pourroit devenir dangereuse.

Ce corps n'auroit qu'une puissance morale qui jamais ne seroit à craindre , puisque les Colonies n'ayant à elles ni troupes, ni vaisseaux, n'ont de forces que celles qu'elles tirent des droits de la nature : droits qui ne peuvent être consacrés que par la raison et la justice.

Mais, comment deux nations différentes qui ont entr'elles des relations morales de toute espèce , des rapports d'intérêt de tout genre, pourront-elles s'entendre et s'accorder ?

Elles le pourront de deux manières ; soit en établissant leur chef pour médiateur entr'elles, soit en apprenant à se connoître, et en concourant réciproquement à la constitution l'une de l'autre.

Les Colonies peuvent donc former une constitution coloniale et s'en rapporter au roi pour établir et conserver leurs rapports extérieurs avec la Nation Françoise?

Oui, si la Nation Françoise veut avoir dans le chef suprême des deux nations, la même confiance que la nation coloniale.

Eh ! que feroit-on alors ?

Les Colonies se réuniroient par députés, dans un congrès général qui feroit la constitution et les loix coloniales ; le roi, après les avoir acceptées et sanctionnées, les feroit exécuter, comme chef suprême ; il nommeroit des commissaires près de ce congrès pour faire le plan des loix commerciales, et ce plan seroit soumis à la discussion de l'Assemblée nationale françoise, décrété par elle et sanctionné par le roi.

Mais le corps législatif françois et le congrès colonial pourroient faire des loix opposées dans les affaires de commerce, qui établissent les rapports extérieurs des deux nations ?

Pour empêcher cette faute des deux corps législatifs, chaque nation enverroit réciproquement près du corps législatif de l'autre nation, des commissaires qui veilleroient aux intérêts respectifs de leur nation.

Les Colonies ne doivent donc pas être représentées dans l'Assemblée nationale françoise ?

Non, sans doute ; à moins que la France ne soit représentée dans les colonies par des députés qui seroient dans le congrès général de la nation coloniale.

Pourquoi donc les députés des Colonies ont-ils, été reçus à l'Assemblée nationale ?

Parce que, dans le moment de trouble où elle s'est formée, l'Assemblée nationale n'étoit point éclairée sur toute l'étendue des droits de la Nation Françoise, ni sur leurs bornes ; elle l'étoit moins encore sur les droits des Colonies et de la Nation Coloniale.

Pourquoi donc les Colonies ont-elles envoyé des députés ?

Parce qu'elles étoient moins éclairées encore que la France ; d'ailleurs toutes ne sont point représentées. Cayenne n'a point de députés , Saint-Domingue n'a point de députés ; car ceux qui se sont presentés comme tels , n'avoient point été légalement élus, puisque la colonie n'avoit point été légalement convoquée ; d'ailleurs Saint-Domingue eût dû avoir 3o députés dans cette législature , et six individus seulement ont été reçus à l'Assemblée nationale , malgré les oppositions des Colons résidens en France , malgré l'illégalité ou plutôt la nullité de leur mission.

Mais maintenant qu'ils ont été reçus et qu'ils ont concouru à la constitution de la France , il est juste que l'Assemblée nationale concoure à la constitution des Colonies ?

La réception des députés dits de Saint-Domingue , à l'Assemblée nationale ne légitime ni leurs pouvoirs, ni leur mission ; sur-tout dans le temps et de la manière dont elle a été faite. Cette réception ne fait pas non plus que six individus représentent, sans son vœu, un peuple qui ne pouvoit être réellement représenté que par trente députés : et de ce que l'Assemblée nationale a bien voulu donner voix délibérative à six députés , dits de Saint-Domingue, s'en suit-il que les Colonies ayant perdu le droit de faire leur constitution ? S'en suit-il que l'Assemblée nationale ait acquis le droit de la faire ? Non sans doute ; cela seroit aussi absurde qu'impossible.

Eh ! pourquoi ?

Parce que la constitution coloniale ne peut être faite que dans les Colonies, et que, pour y concourir, il faut y être et connoître les hommes et les choses qu'elles présentent ; pour les connoître, il faut nécessairement les avoir vues et étudiées. Si les Colonies sont représentées à l'Assemblée nationale par députés, la France ne peut être représentée dans les Colonies que par députés nommés à cet effet, et pris dans les départemens.

Mais, pour que la France soit convenablement représentée dans les Colonies, il faut un député par département, et une députation de quatre-vingt-trois personnes seroit bien nombreuse ?

Oui, mais elle ne le seroit pas trop ; car les Colonies sont bien importantes, et elles méritent d'être bien examinées, d'être bien connues sous tous les poins de vue possibles.

Cela demanderoit bien du temps et de grandes dépenses ?

Ce n'est ni le temps , ni les dépenses qu'on doit calculer. Il faut connoître les Colonies ; il faut faire leur constitution et leurs lois ; il faut connoître leurs véritables rapports de commerce avec la France , et en déterminer l'étendue ; il faut voir tous les moyens de prospérité qu'elles présentent dans leurs cultures actuelles et possibles , dans les arts qu'exige la préparation de leurs denrées ; il faut assurer le succès de ces moyens ; il faut détruire les préjugés et les idées romanesques que l'on a sur ces contrées ; il faut se mettre en garde contre l'amour - propre et l'intrigue de quelques hommes qui les ont matériellement parcourues ; il faut faire connoître quelle est toute l'étendue de leur importance dans le commerce intérieur et extérieur du royaume , dont elles sont la source principale. Il en coûteroit certainement beaucoup moins pour opérer toutes ces choses, dans l'espace de deux ou trois ans , que n'a coûté l'expédition inconsidérée de six vaisseaux et de six mille hommes. expédition dont les

premiers effets sont déjà connus et sem-
blent annoncer ces scènes horribles dont
le Nouveau - Monde fut jadis le théâtre.

*Mais trouvera - t - on des hommes qui
veuillent quitter la France pour aller à 2000
lieues de leur patrie courir tous les périls
des mers et du climat ?*

Faut - il , pour les déterminer , leur
donner la douce espérance d'une guerre
affrese ? Quoi ! des milliers de François sont
tout armés pour porter le carnage et la
mort chez leurs frères , leurs parens , leurs
amis , et l'on n'en trouveroit pas 83 qui
voulussent y porter le bonheur et la paix !

*Eh ! comment envoyer 83 députés à
chaque législature ?*

La France ne seroit représentée que
dans un congrès général américain constituant, qui auroit lieu tous les quinze ou
vingt ans.

Comment formeroit - on ce congrès ?

Très-aisément ; les 83 députés de France
se partageroient entre toutes les Colonies
d'Amérique, et après y avoir fait un séjour
d'un an ou 18 mois , ils se réuniroient
avec les députés de chacune d'elles , dans
celle qu'on croiroit la plus commode pour

former le congrès général de la Nation Française et de la Nation Coloniale.

Pourquoi un intervalle de 15 à 20 ans entre chaque congrès général ?

C'est que ce congrès général et constituant, ayant établi les bases fondamentales de la constitution, ayant déterminé et organisé tous les pouvoirs et tous les moyens d'exécution, ayant fait toutes les loix, ayant tracé le cercle des rapports commerciaux entre la France et les Colonies, et déterminé tous les objets que ce cercle devroit renfermer, ayant laissé aux assemblées coloniales la portion de pouvoir réglementaire et paternelle qu'exige la police intérieure et domestique sur les esclaves, et cela après avoir établi les bases et les bornes de ce pouvoir ; alors chaque Colonie pourroit aisément s'administrer elle-même sous le commandement du roi (1).

---

(1) Nous croyons qu'une seule convention de la France et des Colonies réunies en congrès général, suffiroit pour toujours, ou au moins pour cinquante ans ; et cette convention nous paroît aujourd'hui la seule mesure à prendre pour sauver les Colonies.

Quels

Quels avantages trouvez-vous à faire représenter la France dans les Colonies ?

Déjà, je les ai annoncés plus haut. Il est incontestable que les Colonies forment un pays particulier, que le peuple qui le chabite, est un peuple également particulier ; que ce pays, ce peuple ont seuls, par la nature, le droit de faire leur constitution, et de se donner des loix. Mais la Nation Coloniale et la Nation Françoise ont eté si intimement liées, tellement confondues jusqu'à ce jour, et il est d'une si grande importance pour la France de conserver ses liaisons, son intimité avec les Colonies, qu'il nous paroît que le seul moyen de conserver les droits respectifs de chaque Nation, de conserver, d'augmenter encore même leurs relations, leurs liaisons entr'elles, est de les faire concourir à la constitution l'une de l'autre.

Les députés de France portant dans les Colonies un caractère national, marqué par un signe de distinction, en imposeroient à tous ceux qui cherchent le désordre. Ils rétabliroient la paix par leur seule présence. Alors tous les Colons, certains d'avoir une constitution conve-

B

nable à leur état, convenable aux intérêts des deux Nations, l'attendroient avec confiance ; et, pendant un séjour paisible d'un an ou dix-huit mois, les députés de France, les députés des Colonies, nommés d'avance pour le congrès général, auroient le tems de s'instruire respectivement sur tout ce qui concerne les vrais intérêts, les vrais rapports des Colonies et de la France.

Les députés de France, sur-tout, verroient quelle différence la nature présente dans les lieux, dans les choses, dans les hommes. Ils verroient combien ces derniers diffèrent entr'eux dans leurs besoins, dans leurs facultés, dans leurs rapports. Ce seroit sur une connoissance approfondie des différences qu'offrent les hommes, qu'ils pourroient établir les bases de la constitution qui leur convient ; pour les ranger dans l'ordre social, chacun à la place qu'il doit y occuper.

Ces mêmes députés, après avoir vu les cultures des Colonies et leurs produits, après avoir considéré les diverses denrées que la France fournit en échange, après avoir examiné quels sont les moyens de faire cet échange, de quelle manière on les met en usage, connoîtroient alors que les intérêts du cultivateur des Colonies, du cultivateur et du manufacturier de France sont communs ; qu'étant ensemble producteurs et consommateurs, il leur importe à chacun, il importe aux deux nations de produire et de consommer le plus possible ; il leur importe de faire le moins de frais possibles dans les moyens d'échange.

Qu'entendez-vous par moyens d'échange?

J'entends les négocians, qui, servant d'intermédiaires aux commerçans, portent et rapportent les denrées de France et des Colonies.

Mais les négocians sont les commerçans ?

Non, les négocians doivent être bien distingués des commerçans.

Eh ! pourquoi ?

Parce que le commerce étant l'échange de denrées contre denrées ou contre argent, celui qui produit, celui qui consomme sont seuls les véritables commerçans ; ainsi le cultivateur des Colonies, le cultivateur, le manufacturier, l'artiste et le savant de France sont les véritables producteurs, les véritables consommateurs, faisant sans cesse échange, et étant les seuls commerçans.

Mais les négocians font aussi le commerce?

Non, les négocians servent au commerce; ils négocient entre le producteur et le consommateur; ils sont un moyen d'échange : mais le producteur, le consommateur peuvent exister et échanger sans le négociant, et il ne peut échanger sans eux. S'ils l'employent, c'est pour leur plus grande commodité.

Ces distinctions sont difficiles à saisir?

Un exemple les rendra sensibles. N'est-il pas vrai que deux personnes qui sont en opposition sur des objets d'intérêt qui leur appartiennent, ont chacun leur intérêt particulier à défendre; et que, si elles ne peuvent s'entendre, soit parce qu'elles ne sont pas assez éclairées, soit parce qu'elles sont éloignées, elles ont recours ou à des arbitres, ou à des hommes de loi qui les éclairent et les arrangent? Ce qui leur en coûte est pris sur chacune, et est autant de moins pour l'intérêt commun. Il est aisé de voir que, dans leurs arrangemens, ces deux personnes sont seules réellement intéressées, et que les intermédiaires qui négocient pour elles et entr'elles, ont un intérêt particulier qui les occupe toujours, et souvent plus que celui de leurs commettans.

J'entends, maintenant, quelle différence il y a entre le véritable commerçant et le négociant. L'intérêt du premier est commun à tous, et est dans la Nation; l'intérêt du second se rapporte à lui seul, et se trouve par-tout dans et hors, pour et contre l'intérêt national, suivant le lieu, suivant les circonstances.

C'est cela même.

Pourquoi donc les négocians traitent-ils du commerce des Colonies, comme de leur propre affaire?

C'est que la Nation Françoise n'est point encore assez éclairée : mais elle le sera bientôt, et les négocians seront réduits à leur juste valeur. On ne les considérera plus que comme des individus, que comme les colporteurs des commerçans; et en effet, ils ne sont rien autre chose.

J'avoue maintenant que si la France étoit représentée dans les Colonies, leur impor-

tance seroit beaucoup mieux connue ; et je conviens même, que ce moyen est le seul de les bien connoître, et de traiter avec elles suivant l'intérêt des deux nations. Mais puisque les Colonies sont un pays particulier, puisque les Américains sont une nation particulière, pourquoi l'Assemblée nationale veut-elle faire la constitution des Américains et les loix des Colonies ?

C'est qu'elle s'est aveuglée sur les bornes de ses droits : car si l'Assemblée nationale déclaroit, le 8 mars 1790, qu'elle n'avoit jamais entendu* comprendre les Colonies dans la constitution qu'elle a décrétée pour le royaume, ni les assujettir à des loix qui pourroient être incompatibles avec leurs convenances locales et particulières, c'est qu'elle reconnoissoit alors comme une vérité incontestable et attachée à la nature même des choses, qu'elle ne pouvoit, ni ne devoit décréter des loix que pour la France ; que les Colonies placées dans un autre monde, dans d'autres climats, présentant un autre ordre d'hommes et de choses, ne pouvoient recevoir de constitution et de loix que d'elles-mêmes.

Je vois qu'il suit nécessairement de cette déclaration, que l'Assemblée nationale a reconnu qu'il faut aux Américains une constitution particulière. Pourquoi donc ne leur a-t-elle pas laissé le soin de faire cette constitution : car, d'après la déclaration des droits de l'homme et d'après les décrets du 8 mars 1790, elle n'avoit aucun droit de s'en mêler ?

C'est qu'il convenoit aux vues de quelques personnes, de fixer dans un comité particulier tous les intérêts, toutes les affaires des Colonies, afin de s'armer de la puissance de l'Assemblée pour les gouverner despotiquement. Aussi les décrets et les instructions des 8 et 28 mars 1790, sont-ils tellement conçus, qu'on y trouve tout ce qu'on veut pour et contre les droits et les intérêts des Colonies.

Si les Américains sont une nation particulière, s'il leur faut une constitution particulière, si l'Assemblée générale de Saint-Domingue représentoit légalement cette Colonie, comment se peut-il que l'Assemblée nationale ait osé casser l'Assemblée de Saint-Marc ?

C'est qu'en la trompant, on lui a fait

B 4

faire un abus de pouvoir. L'Assemblée de Saint-Marc étoit dissoute par la force ; un grand nombre de ses membres étoit venu en France avec confiance ; on n'a- voit pas droit de les juger, et on ne les a point entendus ; on n'avoit pas droit de condamner et d'annuler les actes de l'Assemblée de Saint-Marc , et on s'est refusé à en connoître les principes. La révolution s'étoit opérée dans les Colonies ; elle devoit être générale et entière. Si les obstacles qu'on opposoit à la régénération du gouvernement, portoient les représen- tans de Saint-Domingue à de grandes extrémités , c'est qu'il n'y avoit point de bornes établies à leurs pouvoirs , qui, dans des circonstances très-extraordinaires, devoient être souverains.

Les Colonies étoient devenues libres par les principes de l'Assemblée Nationale , et par le fait de la révolution ; elles ne pouvoient plus reconnoître le chef su- prême de la Nation Françoise , qu'en faisant avec lui ou avec la Nation un nouveau contrat. Il falloit donc , au lieu de leur demander leur vœu sur la consti- tution qui leur convient , il falloit, dis-je déterminer quels étoient les rapports qui devoient les lier à la France, déterminer par qui leur constitution devoit être faite, et comment elle devoit être faite. Ces premières bases devoient servir de préliminaires aux décrets du 8 mars; elles auroient été pour l'Assemblée Nationale et pour les Colonies la règle de leur conduite; les vraies instructions dont toutes avoient besoin.

Je conviens qu'avant de penser à la constitution des Américains *, on devoit déterminer les véritables rapports des Colonies avec la France; qu'il falloit déterminer par qni la constitution devoit être faite, et comment on devoit procéder pour la faire. Par cette marche, on eût évité les erreurs, les inconséquences et les abus de pouvoirs. Mais pourquoi le comité colonial n'a-t-il pas présenté ces mesures à l'Assemblée nationale?*

Parce que ce comité voulant gouverner les Colonies à son gré, rédigeoit un plan de constitution et de loix pour elles : plan qu'il se proposoit de faire décréter, comme constitution, comme loix provisoires.

Mais il étoit contre la déclaration des

droits de l'homme, contre les principes et contre les décrets de l'Assemblée nationale, que le comité colonial fît la constitution des Colonies.

Cela est vrai ; cependant c'étoit pour faire passer son plan de constitution et de lois, sans discution, que le comité avoit proposé à l'Assemblée nationale de former, à l'Isle Saint-Martin, un congrès des Colonies, pour y fixer l'état des gens de couleur.

Mais si le comité avoit senti la nécessité de régler, d'une manière uniforme, l'état des gens de couleur dans les Colonies, pourquoi n'a-t-il pas vu que les rapports qui lient ces contrées à la France, doivent être généraux et uniformes, que la constitution et les loix coloniales doivent être générales et uniformes ; que cette constitution et ces lois ne peuvent être faites que par un congrès général des Colonies ; et que les assemblées coloniales seules ne doivent point être législatives, qu'elles ne peuvent être que réglementaires et administratives ; car, dans ce cas seulement, elles doivent avoir la faculté de faire avec le Gouverneur, les loix réglementaires et administratives que les circonstances locales et particulères exigent ?

Pour présenter ces mesures qui sont les seules véritablement conformes aux intérêts des Colonies et de la France, il eût fallu que le comité eût bien connu la nature et l'importance des colonies ; il eût fallu qu'il n'eût point été investi par le Ministre et les bureaux dont il a adopté les vues et les moyens.

Mais pourquoi l'Assemblée nationale, en rejettant d'abord le projet du comité sur les hommes de couleur, a-t-elle décrété sur les esclaves , disant qu'elle ne prononceroit point sur l'état des personnes non libres , que sur le vœu précis et spontané des assemblées coloniales ?

C'est qu'en la faisant sortir du cercle qui lui est tracé par la nature, par ses commettans, cercle qui se borne à la France et à la constitution françoise, on l'a égarée en la portant dans un autre monde.

Pourquoi donc les députés des Colonies ont-ils eux-mêmes provoqué l'Assemblée nationale sur les esclaves, dans une question qui leur étoit tout-à-fait étrangère ?

On a peine à le concevoir ; car ils ont fait ce que les amis des noirs les plus enthousiastes et les moins éclairés n'auroient jamais osé faire. Les esclaves étoient sans état, et maintenant, si les décrets de l'Assemblée nationale pouvoient être reçus dans les Colonies, ils en auroient un ; celui *de non libres.* Les esclaves naissoient esclaves par la loi, et maintenant ils naîtroient libres par la déclaration des droits de l'homme et même par les décrets du 13 mai 1791. Car le mot *non libres* ne peut jamais, dans aucune circonstance , être synonime au mot esclaves.

Comment , l'Assemblée nationale auroit, par sa déclaration des droits de l'homme et par ses décrets du 13 mai 1791, réellement anéanti l'esclavage et décrété la liberté des esclaves ?

Oui , sans doute ; et il est impossible d'entendre ses décrets autrement que nous les développons ici. Car, ou le mot esclaves est synonime à non libres , ou il ne l'est pas ; et il ne l'est pas. S'il l'étoit, pour-

quoi a-t-elle refusé de l'employer ; puisque par ce mot *non libres* , elle auroit également consacré l'esclavage , et elle ne le
peut , sans violer la déclaration des droits
de l'homme , sans violer tous ses principes
et tous ses décrets : et s'il ne l'est pas ,
elle a donc trompé les Colons , en don-
nant un état de liberté aux esclaves qui
n'avoient point d'état.

*Mais l'Assemblée nationale ne leur
donne point la liberté ?*

Si, elle la leur donne ; à la vérité
elle ne leur en laisse pas la jouissance.

*L'Assemblée nationale n'a point détruit
l'esclavage ?*

Elle ne l'a point détruit ? Elle l'a donc
consacré ; car il n'y a point de milieu , le
nègre naît libre ou esclave ; s'il naît libre ,
il doit l'être toujours , et elle ne peut mo-
difier son état ; s'il naît esclave , elle ne
peut changer son sort sans la volonté de
son maître : ou l'Assemblée nationale
trompe le nègre , ou elle trompe le colon.

*En ce cas, si les colons veulent conserver
leur vie , leurs propriétés , il faut qu'à
l'instant tous rapports soient rompus avec
l'Assemblée nationale ?*

Mais ils le sont aussi ; car l'Assemblée ayant consacré pour principe, que la résistance est le plus saint des devoirs contre l'oppression, ce devoir devient bien plus saint encore contre la destruction.

Les colons ne se sont point opposés aux décrets sur les esclaves, mais seulement à ceux sur les hommes de couleur ?

Les colons ne se sont opposés à aucuns décrets de l'Assemblée nationale ; ils les respectent avec silence. Elle peut chez elle décréter tout ce que bon lui semble ; la nature seule leur fera droit de ses décrets. Libres maintenant de toute affection morale, elle les rappelle au continent dont ils sembloient s'être éloignés malgré elle.

Comment, les Colonies seroient indépendantes ?

Elles l'ont toujours été ; elles ne tenoient à la France que par leur volonté.

C'est par des besoins de toute espèce qu'elles sont assujetties, et la France seule peut leur fournir les moyens de les satisfaire ?

La France seule, c'est beaucoup dire ; mais si les colons ont du courage, ils n'ont besoin ni de la France, ni des autres na-

tions. Qu'ils se passent de toutes les denrées
de luxe, la nature leur fournit amplement
les alimens nécessaires à leur subsistance ;
il ne tient qu'à eux de les cultiver. Elle
leur présente, dans le suc de cannes fer-
menté une boisson aussi abondante qu'a-
gréable (1) ; qu'ils restent tranquilles sur
leurs habitations ; s'ils savent se priver
d'une infinité de choses inutiles, bientôt
ils seront entièrement indépendans de
l'Europe.

Mais enfin il leur faut une constitution ?
Ils peuvent très-bien s'en passer.

Eh ! comment feront - ils ?

Comme ils ont fait jusqu'à ce jour. Ils
n'avoient point de constitution ; ils rece-
voient leurs loix du roi, et à cela près de
quelques petites vexations, qui maintenant
ne peuvent plus avoir lieu, ils étoient
assez bien.

*Mais le roi voudra faire exécuter les
décrets de l'assemblée nationale ?*

Eh ! quel moyen pourra-t-il employer !
il n'a que la force ou la persuasion. L'expédition qu'on vient de faire de six vaisseaux

______

(1) Voyez l'ouvrage de M. Dutrône, qui a pour
titre : *Précis sur la canne*, etc. pag. 304.

et de six mille hommes, ne prouve pas que la force soit un moyen sûr ; et l'essai de la persuasion ne promet pas aux commissaires nationaux à Saint - Domingue , un succès plus heureux que celui des commissaires du roi à la Martinique. Ces commissaires , fussent-ils des anges , ne persuaderont jamais aux Colons, qu'ils doivent exécuter les décrets du treize et du quinze Mai dernier ; ils ne leur persuaderont jamais que leur constitution et leurs loix doivent être faites par l'Assemblée nationale.

La mission des commissaires n'a pas pour objet de faire exécuter les décrets de l'Assemblée nationale , mais bien de concilier les divers partis ; afin de ramener la paix et la tranquillité parmi les Colons ?

Si tel eût été le véritable but de la mission des commissaires , on n'eût pas tardé jusqu'à ce jour à les envoyer ; on n'eût pas choisi des personnes qui ne connoissent point Saint - Domingue , qui ne sont point connus des Colons, et qui ne peuvent avoir ni leur estime , ni leur confiance ; des personnes que leur ignorance rend dangereuses ; car, quelque mérite qu'elles puissent avoir , elles n'ont certainement pas

celui

celui qui convient à une telle mission. Eh !
comment pourroient - elles concilier entr'eux des hommes dont elles ne connoissent ni le caractère, ni les principes, ni
l'esprit, ni les mœurs, ni les différences,
ni les rappors, ni les passions, ni les intérêts, ni les opinions, ni les vues ? Comment pourroient - elles éclairer le ministre
et l'Assemblée nationale sur l'état présent
et possible de Saint - Domingue, considéré
dans ses rapports avec la France, dans sa
constitution, dans ses loix, dans ses forces,
dans ses ressources, dans ses besoins, dans
ses résolutions, si elles n'ont pas vu depuis
long-tems, et étudié par elles-mêmes, les
hommes, les lieux et les choses que présente cette Colonie ? Mais si pour une telle
mission, ces commissaires sont inaptes et
dangereux par les qualités qu'ils n'ont pas,
ils le seront bien plus encore par celles
qu'ils ont.

*Si le ministre a choisi des personnes qui
ne connoissent ni les Colons, ni la Colonie,
c'est pour être plus sûr de leur impar-
tialité.*

Cette mesure est une très - grande
erreur. Pour être sans partialité, il suffit

d'être juste et instruit ; parce qu'alors on voit tout par-soi même , et on juge d'après ses propres lumières. Quand l'honneur et la nation surveilleront un juge éclairé , il sera toujours impartial (1).

Les commissaires n'étant point connus , on n'aura point de préventions contre eux , et ils en imposeront davantage par le caractère dont ils seront revêtus.

Les commissaires sont agens de l'Assemblée nationale et du ministre ; partant, suspects. On les approchera avec autant de défiance que de réserve ; tous les yeux seront fixés sur eux , et bientôt on les aura pénétrés ; alors , ils n'en imposeront plus ; et comme ils seront sans connoissances , ou ils se tromperont , ou on les trompera. D'ailleurs les blancs les mettront facilement dans l'impossibilité de remplir leur mission , en n'allant pas aux assemblées primaires.

Les mulâtres y iront.

______

(1) On doit observer que des trois commissaires choisis pour porter les décrets à Saint-Domingüe , et pour concilier les Colons , deux sont étrangers : l'un est né dans les Colonies Angloises ; l'autre est Irlandois.

Eh ! qu'y feront - ils sans les blancs ? il y a des paroisses où il ne se trouve point de mulâtres , et dans celles où il y en a, aucun n'est instruit. Ils sont en petit nombre ; la totalité de leurs propriétés productives ne se monte pas à la *cinq centième* de celle des blancs , et ils ne peuvent exprimer de vœux sans eux.

Pourquoi donc les blancs ne veulent-ils pas qu'ils soient citoyens ; car enfin ils sont libres , propriétaires et contribuables ?

Les mulâtres libres , propriétaires , contribuables et même *hommes* sont citoyens ; mais si ces conditions suffisent en France pour être citoyen actif , elles ne suffisent pas dans les Colonies ; parce que des circonstances locales et particulières en exigent d'autres encore que les mulâtres n'ont point ; mais que leur postérité peut acquérir.

Pourquoi donc cette différence ?

Parce que les Colonies ne sont point la France ; parce que les Américains ne sont point François , et qu'il leur faut une constitution et des loix propres à leur pays et aux hommes qui l'habitent.

Quelles sont donc les conditions qui

manquent aux mulâtres, et que leur pos-
térité peut acquérir?

Celles qui effacent les preuves qu'ils
sont d'origine esclave ; celles qui établissent que leur valeur intrinsèque est
au moins égale à celle des blancs.

Eh! quand un homme prouvera qu'il n'est
pas d'origine esclave, en vaudra-t-il mieux?

Oui ; parce que sa valeur intrinsèque
sera réellement plus grande, et qu'il sera
plus estimé des blancs et des noirs.

C'est par ses talens et par ses actions
qu'un homme est estimable.

Non ; c'est par des talens, par des
actions qu'il acquiert de la réputation ;
mais l'estime est un jugement qu'on n'ob-
tient que sur l'opinion d'une valeur réelle
ou arbitraire. En France, cette valeur
est estimée au poids de l'argent ; dans
les Colonies, elle est estimée sur la couleur ; non pas que la couleur fasse la
valeur ni réelle, ni arbitraire ; mais elle
en est le signe.

Eh! quelque soit la couleur de l'homme,
par-tout il est le même.

Oui ; aux yeux de celui qui raisonne
et qui n'observe point ; mais il est très-
différent aux yeux de celui qui voit bien

et qui ne croit que ce qu'il voit.

Par-tout les hommes peuvent avoir les mêmes facultés, et doivent avoir les mêmes droits.

Cela n'est pas vrai ; la société entre les hommes ne s'établit pas sur ce qu'ils pourroient être, mais bien sur ce qu'ils sont. Et les blancs, les mulâtres et les noirs diffèrent entr'eux au physique, au moral, dans leurs besoins, dans leurs facultés ; et c'est sur les différences qu'ils présentent, que l'ordre de leur société doit être nécessairement établi. Il faut, pour la former, suivre la nature et non la commander.

Vous dites que l'homme diffère au physique, au moral, dans ses besoins, dans ses facultés, et quelle différence peut-il donc présenter ?

Il en présente dans la couleur de la peau, dans l'habitude du corps, dans la tournure de ses membres, dans la coupe de la tête, dans la forme et dans la disposition des diverses parties du visage, dans l'état et dans l'aptitude des organes, des sens, dans ses appétits, dans ses idées, dans le nombre de ses besoins et dans les moyens de les satisfaire , dans le mode et dans l'étendue de ses facultés.

Ces différences doivent disparoître aux yeux de la loi , devant laquelle tous les hommes sont égaux.

Cette proposition est trop générale , pour être vraie : tous les hommes ne sont point égaux. Les loix naturelles, les loix artificielles sont relatives à la constitution , au tempérament des hommes, et aux lieux dans lesquels ils vivent. L'espèce *homme* présente plusieurs races qui diffèrent entr'elles , et tous les individus de chaque race diffèrent entr'eux. L'égalité ne peut être établie constitutionnellement , que dans les rapports des individus de chaque race ; et entr'eux seulement , il seroit absurde de la supposer possible autre-ment. Car on n'a de droits dans une société , qu'en raison de ce qu'on y met.

Vous considérez l'homme sous le rap-port animal seulement.

C'est qu'il faut le considérer d'abord , pour ce qu'il est, et par ce qu'il présente de plus visible. C'est pour *vivre* et pour se *reproduire ,* qu'il est contraint de se réunir en société. Si ces deux besoins n'étoient pas constans , du moment qu'ils commencent, sa vie seroit errante et va-gabonde, comme celle de beaucoup d'autres animaux. C'est donc de la nature de ses besoins, de leur nombre et des moyens de les satisfaire, que le législateur doit s'occuper, dans la constitution d'une société, dans la formation des loix qui doivent gouverner les hommes de cette société.

L'homme n'est pas né seulement pour manger et pour travailler à sa propagation.

C'est pourtant ces besoins qui l'occupent le plus et presque uniquement ; toutes ses actions se dirigent constament vers ces deux points.

Il faut le considérer aussi dans ce qu'il est au moral, dans ses idées.

L'homme n'est autre chose, que ce que le sol et les objets qui l'environnent le font être. Moins il a de besoins, moins il a d'idées, et plus il est brut ; plus il est brut, plus il est soumis aux circons-tances locales.

Les idées de l'homme ne viennent point de ses besoins.

Non ; mais souvent ils en font naître, en rappellant les choses qu'il desire, les moyens de se les procurer et d'en faire usage. Je sais très-bien que l'homme, quelqu'il soit, n'a d'idées que par les sens; que son existence physique et morale est entièrement subordonnée aux objets qui les frappent, et à la manière dont ces objets sont perçus : car moins les lieux changent, moins les hommes changent de lieu, et moins ils ont d'idées. S'ils habitent constamment des lieux qui ne changent point, alors il s'établit entr'eux et le lieu, entr'eux et les objets que ce lieu présente, un rapport d'habitude qui dispense en quelque sorte ces hommes de penser, et en cela anéantit le moral, ou l'atténue ; tandis que leur constitution physique s'assimile tellement à l'influence du sol, que souvent ils ne peuvent le quitter, sans danger de la vie ou au moins de la santé. Ainsi les hommes qui ne voyagent point, qui habitent des lieux dif-férens, sont tous différens entr'eux et diffèrent en raison des lieux. Ceux qui changent souvent de lieu, ou dont le lieu change souvent, ont plus d'idées. Ces chan-gemens développent en eux les facultés de se rappeller, de comparer, de réfléchir;

mais ces facultés sont bien foibles, quand elles ne sont point exercées, et que leur exercice n'est pas constamment suivi. En France, on a un exemple de ces différences entre l'habitant des villes et celui des campagnes : cet exemple, il est vrai, ne porte point sur la valeur intrinsèque, mais seulement sur le mode de cette valeur.

Mais il faut encore considérer l'homme dans son intelligence, dans sa raison, dans les facultés de l'ame, dans les mouvemens du cœur, dans les combinaisons de l'esprit, dans l'étendue de l'imagination, dans l'activité du génie ; enfin dans tout ce qu'il est au moral.

Le moral de l'homme se rapporte à l'homme ou à Dieu. Les rapports de l'homme à Dieu sont tels, que l'imagination de chacun les lui présente ; les rapports de l'homme à l'homme sont des mouvemens d'attraction, des sympathies dont les premières causes sont toujours physiques. Ces sympathies sont de deux sortes ; les unes s'exercent sur les corps, et sont visiblement matérielles, les autres s'exercent sur les facultés des corps, et sont mentales. Les besoins de l'homme, ses rapports à l'homme et aux êtres qui l'environnent, doivent servir de bases au contrat social. Car les besoins sont pour le législateur, ce que sont les pierres pour l'architecte ; et le moral n'est à l'acte social, que ce que sont les ameublemens à un édifice.

Cependant il est des vérités morales si généralement senties, qu'elles peuvent servir de base à une constitution.

Il n'en est point de plus généralement sentie, que le besoin de *manger.*

Vous présentez toujours l'homme sous les rapports physiques, ne suivant que l'instinct ; et dans cet état, il ne connoît point de loix.

Si ; il en connoît.

Eh ! quelles loix ?

Les loix naturelles ; il se trouve d'autant mieux, qu'il s'en écarte moins ; elles sont les plus sûres.

Mais il est impossible qu'une société puisse exister sans loix de convention, qui établissent l'égalité et qui protègent les foibles, sans quoi ils seroient sans cesse sacrifiés aux plus forts.

Si les hommes, considérés dans l'état

naturel, sont soumis au plus fort, cela démontre que la loi du plus fort est la loi naturelle, et en ce cas la meilleure. Ainsi que les loix artificielles ne doivent être, autant qu'on le peut, que des conséquences des loix naturelles. L'homme le plus fort au physique, au moral, est seul fait pour gouverner ; et l'Assemblée nationale, en rétablissant l'égalité, ouvre une nouvelle carrière à la domination du plus fort : car, les François étant dans le même état, la loi enchaîne leur force physique, et laisse un libre cours à leur force morale ; ainsi les individus les plus forts par leurs lumières, par leurs talens vont, aujourd'hui, gouverner la France.

Mais, dans un pays peuplé de plusieurs sortes d'hommes, il faut nécessairement que la plus intelligente, celle dont la force morale est la plus grande, gouverné ; si la plus nombreuse est la plus bornée, sa force physique doit être enchaînée par la loi ; et cette loi, dans les Colonies, doit faire pour les races, ce qu'elle fait en France pour les individus.

Eh ! pourquoi ne pas laisser dans les Co-

lonies un *libre cours à la force morale des diverses races , ainsi qu'on le laisse en France aux individus ?*

C'est que dans les Colonies tous les hommes ne sont point égaux , et qu'un seul homme abusant du pouvoir que lui donneroit l'opinion sur la race la plus nombreuse et la plus bornée , pourroit , en un instant , précipiter ces contrées dans un désordre d'autant plus grand , que les instrumens seroient plus aveugles.

Vous distinguez l'espèce homme *en diverses races ; et sur quoi ces distinctions sont - elles fondées ?*

Sur les différences physiques dont nous avons déjà parlé , et plus particulièrement encore , sur le génie , sur les facultés intellectuelles ; car la valeur intrinsèque de l'homme consiste dans ses facultés , et tient au génie.

L'Assemblée nationale n'a point eu égard à ces distinctions dans sa déclaration des droits de l'homme ?

Elle ne le devoit pas non plus ; sa déclaration ne porte que sur *l'espèce* , sur l'homme *en général* ; et l'application qu'elle en fait aux Français est vraie pour tous.

Il n'y avoit point de différence physique ni morale entre les diverses classes des habitans de la France, et celles qui existoient, n'étoient que dans l'opinion. L'opinion a changé, mais le caractère, le génie, les facultés intellectuelles des Français, sont les mêmes ; il jouit de la même existence civile, et a les mêmes droits à l'existence politique.

Quelle différence faites-vous entre l'existence civile et l'existence politique ?

L'existence civile est celle qui attache l'homme à la cité, qui fait le citoyen, en lui assurant le droit de jouir en paix de sa liberté et de sa propriété. L'existence politique est celle qui donne au citoyen le droit de veiller et de concourir à l'administration de la cité, et qui l'appelle à délibérer sur l'intérêt général de la nation. L'une est un droit de nature, et l'autre un privilège de la société.

Est-ce que tous les citoyens n'ont pas ce droit ?

Tous l'ont, mais l'exercice n'en est confié qu'aux plus éclairés.

Eh ! comment les connoître, ils sont tous égaux ?

Il est vrai qu'en France, la nature ne présente aucun signe, et l'Assemblée nationale a été obligée d'en établir un fictif, dans la contribution pécuniaire. Cette contribution donne au citoyen une valeur arbitraire, à laquelle est attachée la faculté d'exercer ses droits. Mais dans les Colonies, la valeur intrinsèque des hommes, étant inégale, c'est à cette valeur, que l'on doit attacher le *titre*, le *droit* de citoyen et l'*exercice* de ce droit ; et la couleur est le signe le plus sûr de l'inégalité.

Comment se peut-il que la couleur soit le signe de la valeur intrinsèque des hommes ?

Elle l'est bien réellement, dans nos Colonies ; car le sort et l'état des hommes ne s'y règle pas sur l'opinion, mais bien sur le sentiment intime de leur valeur réelle, et sur une conviction profonde de la différence de valeur ; car les nègres ne se jugent pas inférieurs aux blancs par ce qu'on leur dit, mais parce qu'ils se sentent incapables de concevoir ce que le blanc conçoit, de faire ce qu'il fait : le génie, l'intelligence, l'activité du blanc le confondent ; tous ses travaux sont pour lui des merveilles : aussi se persuade - t - il, par tout ce qu'il voit, par tout ce qu'il sent, que le noir est une race incapable de perfection, et que le blanc est l'homme par excellence, le type de la perfection humaine.

S'il en est ainsi, les blancs n'ont rien à craindre des décrets de l'Assemblée nationale.

Ils ont à craindre un moment d'erreur et de délire de la part des mulâtres et des nègres.

Comment pouvez-vous régler la valeur des hommes sur la couleur ?

Le noir est l'homme qui a le moins de valeur intrinsèque, le blanc est celui qui en a le plus; le produit du noir et du blanc donne le mulâtre qui participe du moins et du plus dont il tire son origine, et devient le premier degré de valeur réelle, auquel on pourra attacher le *titre* de citoyen. Le fils du mulâtre, le *quarteron*, prenant un degré de blancheur de plus que son père, acquiert un degré de valeur réelle, qui lui donnera le *droit* de citoyen. Le fils du quarteron, le *tierceron*, acquérant un nouveau degré de blancheur, gagnera un nouveau degré de valeur réelle, auquel sera attaché *l'exer-cice* du droit de citoyen. Le blanc aura *essentiellement* l'exercice de ce droit.

Et l'esclave ?

L'esclave n'a point d'état ; la loi doit veiller à sa sûreté personnelle comme homme, mais elle ne peut lui donner aucune existence civile. La foiblesse de ses facultés le tient sans cesse dans l'enfance ; la société dans les Colonies ne peutêtre formée que d'hommes libres et éclairés :

Du nègre et du mulâtre libres, comme citoyens en *titre* ;

Du quarteron libre, comme citoyen en *droit* :

Du tierceron libre et légitime, comme citoyen en *exercice* !

Et du blanc, en qui réside *essentiellement* l'existence politique du corps social.

Tout homme qui aura, par sa valeur intrinsèque, l'exercice du droit de citoyen, sera encore obligé d'acquérir les conditions prises de la contribution pécuniaire, pour jouir de l'exercice de ce droit dans toute sa plénitude.

Mais quoique le tierceron ait acquis par

par sa blancheur l'exercice du droit de citoyen actif, des actes autentiques prouveront son origine, des procès pour droit de succession, démontreront qu'il est issu des races noire et blanche.

Pour effacer à jamais les traces de l'origine de ses enfans, le mulâtre ou le quarteron, ou le tierceron, en les faisant baptiser, ne portera point dans l'acte de baptême le nom de leurs pères et mères qui, par un acte particulier que la loi autorisera, adopteront ces enfans ; afin qu'ils puissent hériter comme si leur légitimité étoit constatée.

Mais ces enfans ne pourront alors hériter que de leurs pères et mères qui les auront adoptés.

Leurs parens naturels auront la liberté de tester en leur faveur.

Ces distinctions de la couleur, qui sont prises de l'état naturel même des hommes, et les mesures que vous proposez pour effacer les traces de l'origine des gens de couleur, peuvent être très-sages ; mais l'Assemblée nationale n'est point assez éclairée sur la valeur réelle des noirs, et sur la politique des colo-

nies, pour en apprécier tout le mérite, et elle voudra, peut-être, faire exécuter ses décrets sans aucun égard.

Et comment s'y prendra-t-elle ?

Elle employera la force ; les Colons n'en ont point à lui opposer.

Ils en ont une invincible.

Et quelle est - elle ?

La force d'inertie ; l'Assemblée nationale n'a point oublié, sans doute, que ses premiers succès sont dûs à cette force. Quelle se garde de compromettre sa puissance, l'effet de ses décrets est d'avoir réuni tous les Américains blancs, et s'ils sont sages, tous les efforts de la France seront nuls.

Ils ont à craindre les mulâtres et les noirs.

Ils n'ont rien à craindre s'ils sont unis et prudens.

Mais ils n'ont aucune force publique, et ils ne peuvent exister sans les secours d'une puissance armée.

Cela est vrai ; mais si l'Assemblée veut envoyer des vaisseaux, des troupes dans les Colonies, la guerre est assurée et générale contre la France ; car les Anglois, et les autres Nations qui sont armées aujourd'hui, ne manqueront pas aussi d'envoyer des vaisseaux et des hommes, sous prétexte d'empêcher que les effets des décrets du 13 et 15 mai ne se communiquent dans leurs Colonies. Et si les Colons ouvrent leurs ports aux navires marchands étrangers, s'ils s'opposent à l'entrée des vaisseaux de guerre françois (car maîtres des forts et des rades, ils pourront facilement s'y opposer), que fera la France alors? sur-tout, s'ils reçoivent les vaisseaux des autres Nations, qui observent avec le plus grand soin ce que fait l'Assemblée nationale, et qui sont sures du succès, si elles ont pour elles la volonté des Américains; car alors elles n'auront pas besoin d'envoyer un seul vaisseau, que quand l'Assemblée nationale aura décrété de déployer toutes ses armes contre les Colonies; et, avant qu'elle ait rendu ses décrets, tous les négocians pourront être ruinés par une faillite de plus de 400 millions; le commerce de la France pourra être anéanti pour jamais.

Vous portez les choses à la dernière extrémité .

D 2

Ce sont les décrets de l'Assemblée nationale qui les y portent ; si elle veut ne pas perdre les Colonies, si elle veut ne pas ruiner la France , qu'elle décrète , tandis qu'il en est temps encore , que la Nation Françoise sera représentée dans le nouveau monde ; pour que les François réunis plus que jamais aux Américains, travaillent de concert avec eux à assurer la paix et la prospérité de l'Empire , en resserrant les liens des deux Nations avant qu'ils soient entièrement rompus.

Les mouvemens de la révolution , en passant dans les contrées françoises du Nouveau-Monde , ont frappé les sens de tous les hommes qui les habitent ; l'esprit de tous s'est porté vers la France ; le cœur de tous s'est ouvert à l'espérance, et les yeux de chacun se sont partagés sur la fortune , l'égalité, la liberté. Mais, pénétrés d'un sentiment profond d'habitude , d'ignorance , de foiblesse , tous se sont agités dans les ténèbres qui déroboient l'objet de leurs vœux ; et la crainte a suspendu leurs agitations. Tous sentent ce qui manque à leur bonheur ;

tous ont un but différent et opposé ; tous attendoient d'y être conduits par une *puissance étrangère* qui s'est trompée , et qui doit maintenant les abandonner. Mais, livrés à eux-mêmes , que vont-ils devenir ? Je frémis d'y songer. Non, de simples rapports de commerce ne suffisent point aujourd'hui entre les Colonies et la France ; il faut aux Américains une constitution et des loix créées par une *puissance nationale*, élevée au milieu d'eux de toutes les parties de l'empire ; et cette *puissance morale* doit être d'autant plus grande, d'autant plus éclairée, que les différences des hommes qu'elle doit dominer sont plus grandes, que leurs rapports sont moins marqués, que leurs besoins sont plus multipliés et plus variés, que leurs passions sont plus actives, que leur intelligence est moins étendue, que les lieux qu'ils habitent et les choses qui les environnent sont moins connus.

Le tems et les circonstances ne me permettent point de développer ici tous les motifs et tous les avantages qui doivent déterminer l'Assemblée nationale à décréter, qu'elle ne se mêlera point de la constitution des Américains ; que cette constitution sera faite, ainsi que les loix coloniales, dans un congrès général de la France et des Colonies.

PROJET DE DÉCRET.

L'Assemblée Nationale déclare que le Colonies font partie de l'Empire François ; et elle décrète qu'elles seront gouvernées par le chef suprême de la Nation Françoise.

Elle déclare que les Colonies d'Amérique étant dans un autre monde, dans d'autres climats, doivent avoir une constitution et des loix qui leurs soient propres et particulières ; en consèquence, elle décrète qu'il sera fait une constitution *américaine* et des loix *coloniales*.

Elle déclare que la constitution américaine et les loix coloniales seront faites dans les Colonies ; et elle décrète que la France y sera représentée.

Elle déclare que ses décrets des 8 et 28 mars 1790, des 13 et 15 mai 1691 ne doivent être considérés que comme des corollaires de la déclaration des droits de l'homme ; et elle décrète qu'ils seront envoyés avec la constitution et les loix françoises à l'Assemblée des députés , chargés de faire la constitution et les loix coloniales ' pour leur servir d'instructions.

Considérant que la constitution américaine et les loix coloniales doivent être générales et uniformes ;

Considérant que la France , pour être généralement représentée dans les Colonies , doit y envoyer un député par chaque département ;

Considérant que toutes les Colonies Françoises du Nouveau-Monde doivent concourir à la constitution américaine et aux loix coloniales ; l'Assemblée nationale décrète qu'il sera formé dans l'Isle de .... un congrès général de la France et des Colonies , où les députés de France se rendront, après avoir, pour leur instruction, parcouru ces diverses contrées pendant 18 mois.

Décrète que la constitution et les loix propres et particulières aux Colonies seront directement acceptées et sanctionnées par le roi.

Décrète que le plan des loix relatives au commerce et communes aux deux nations, sera fait par le congrès américain, et présenté par une députation de ses membres à l'Assemblée Nationale, pour être, sur leurs motifs, discuté, consenti par elle et sanctionné par le roi.

Considérant que les membres de la législature actuelle ont une expérience consommée dans l'art de discuter et d'approfondir toutes les questions relatives aux constitutions sociales et aux loix, l'Assemblée Nationale décrète qu'ils pourront être élus par leurs départemens, pour représenter la France dans les Colonies.

Elle décrète encore que le roi sera prié de faire et d'envoyer aux départemens et aux Colonies, un réglement de convocation ; pour que la France et les Colonies soient convenablement réunies et représentées dans le congrès général des deux Nations, qui se tiendra dans l'Isle que sa Majesté voudra bien désigner.

www.ingramcontent.com/pod-product-compliance
Lightning Source LLC
Chambersburg PA
CBHW051147050726
47594CB00003B/1285